John-Erik Bang

Mobbebarometrene
- sæt ord på det der er svært -

John-Erik Bang

Mobbebarometrene
- sæt ord på det der er svært -

Redaktion: John-Erik Bang
Lay out: JB Dzign

Forlag: BoD - Books on Demand, København, Danmark

Tryk: BoD - Books on Demand, Norderstedt, Tyskland

ISBN: 978-87-4302-987-8

Mobbebarometrene er udviklet af John-Erik Bang.

Jeg er coach, og har i de sidste mange år talt med og rådgivet i tusindvis af mennesker.

Dette igennem foredrag, kurser, trivselsdage, trivsels-camps og mere end 10.000 1:1 samtaler. Før jeg slog mig ned som full time coach var jeg skoleleder, højskoleforstander, lærer og lidt til.

Mange af mine1:1 samtaler har været med mennesker i krise. Mange af disse mennesker er/var mobbeofre.

Gennem de mange samtaler med mennesker i en mobbesituation, er mobbebarometrene opstået. Ved at lytte til det enkelte offer, til familien og dem omkring situationen blev det klart, at der er en lang række sammenfald i en mobbesituation.

Både som direkte offer, for familien og dem omkring situationen.

Det være sig tanker, handlinger, følelser, mishandlinger og forståelse for den enkelte mobbesituation.

Systematikken i barometrene gør, at du kan afkode hvad og på hvilket niveau mobbesituationen er. Og derfor også sætte ind på det rigtige niveau, og få situationen løst.

Systematikken giver endvidere det enkelte mobbeoffer mulighed for, at få sat ord på noget, som næsten er umuligt, at få sat ord på.

At få sat ord på det, som andre ikke tror er muligt sker.

Mine tanker og støtte går ud til alle, der er ramt af dette uvæsen - mobning. Jeg ved hvor svært det er!

Jeg ved også, at der er en vej tilbage.

Mobbebarometrene er en del af Mobbehåndbogen.

Du kan se mere på www.mobbehaandbogen.dk

Du kan også købe selve Mobbehåndbogen i boghandlen.

Hæftet her er opbygget på følgende måde:

De første 6 sider med barometre, er en forkortet udgave af det enkelte barometer.

Dernæst følger det fuldt udskrevne barometer, med endnu flere beskrevne muligheder, af de svære situationer der opstår i en mobbesituation.

Indhold

Du kan sammenholde det enkelte barometer med de andre barometre. På den måde kan du se, hvad der sker på de forskellige niveauer for de involverede parter.

- kun fællesskabet er stærkere end mobning -

Barometrene er erfaringsbaseret. De bygger på tusindvis af samtaler med mennesker i forskellige situationer.

Mobning er skadeligt og farligt for den enkelte. Det opstår i en kultur, hvor der er mistrivsel og usikkerhed. Mobning opstår i en udstødelseskultuer.

Situationerne som her er beskrevet, sker i alt fra grundskoleniveau til ungdomsuddannelserne, og desværre også i voksenlivet.

Når man er på niveau 5 på barometrene, er det min påstand, at der er mulighed for psykisk og fysisk skade for den enkelte.

Når du/I begynder, at arbejde med barometrene, vil du/I måske opleve, at den situation du står i, er en eskaleret situation og finder først ud af sent, at der er en mobbesituation. Hvis det er sådan, brug barometrene til at få sat ord på situationen og ikke mindst stoppet denne.

Når I har fået styr på mobbesituationen, er det vigtigt, at I begynder at arbejde med trivsel, og dette på alle niveauer.

Den enkelte – offeret.

Til den som er ramt af mobning.

Her kan man score sig ind og vise, fortælle, hvad det er der sker i situationen.

<u>Vigtigt</u>: Hvis blot en af de beskrevne situationer foregår, betyder det, at den mobbede er på dette niveau.

1	Af en eller anden årsag, er der en negativ opmærksomhed omkring dig. Måske nogen ikke vil sidde ved siden af dig, eller andet. Det virker mærkeligt, men du tænker det går over.
2	Du er opmærksom på at, at du er centrum for nogle mærkelige ting. Det kan være kommentarer der ikke er søde eller andet. Du slår det hen, og tænker det går over.
3	Du er lidt ked af det i skolen. Der er noget der ikke spiller, men det er svært at finde ud af hvad og hvordan. Du prøver at løse det selv. Far og mor siger det nok skal gå over.
4	Du har sagt til voksne hvad der sker. Du har stadig lidt overskud til at prøve at ændre situationen. Der har være afholdt møder, men noget føles forkert. Du begynder "at være udenfor" i forskellige situationer.
5	Der bliver grinet af dig løbende. Lærerne virker ligeglade, selvom du fortæller hvad der sker. Der er ingen, der vil "gå" sammen med dig i frikvarterene.
6	Din tro på dig selv falder. Du kan ikke få lov, at sige noget i gruppe-sammenhæng i klassen. Det er svært det hele. Du kan have dårlig samvittighed over al den tid mor og far skal bruge på situationen
7	Du er isoleret i skolen. Det er nemmest at holde sig for sig selv. Du kan have svært ved at huske. Det er overhovedet ikke sjovt at gå i skole. Mor og far forstår det ikke. Læreren siger det bør blive bedre. Du er udelukket.
8	Du føler stres. Du har ikke overblik. Du kan have: mavesmerter, ondt i hovedet og ondt i kroppen. Fysisk og psykisk vold kan forekomme i skolen. Fysisk vold er: slag mm. Psykisk vold er: udstødelse mm.
9	Hvis du kommer i skole er du udsat for både psykisk og fysisk vold. Spejlet er taget ned derhjemme. Det er svært, at forlade hjemmet. DIN HJERNE FUCKER med dig.
10	Du kan ikke bevæge dig mod skolen. Det virker fysisk umuligt. Du gør måske skade på dig selv, i form af: Cutting, kaster op med vilje, spiser for meget eller for lidt.

Forældrene/familien

Når du/I som forældre læser dette, er det vigtigt, ikke at have dårlig samvittighed. Mobning er et uvæsen, og man har ikke en chance.

🌡️1	Som forælder er man her ikke opmærksom, da det foregår i skolen og ikke er talesat derhjemme endnu.
🌡️2	Som forælder er man her ikke opmærksom, da det foregår i skolen og ikke er talesat derhjemme endnu.
🌡️3	Ens barn signalerer, at det ikke går godt i skolen. I en travl hverdag kan man slå det hen og sige at "Det går over inden så længe" eller "Sig det til lærerne"
🌡️4	Der bliver holdt møder i klassen. Man bliver som forældre orienteret om dette og tænker, at der er styr på det.
🌡️5	De professionelle signalerer, at man er tæt på offeret, dette via samtaler eller observation i klassen.
🌡️6	Barnet siger, at det stadig ikke går godt. Som forældre slår man det lidt hen, da man er blevet orienteret om, at der er styr på det. Dette fra skolens side.
🌡️7	Det er frustrerende som forældre. Man er tilbøjelig til at tænke, at ens barn måske overdriver. Man har jo fået at vide at der "er styr på det" Barnet begynder at blive syg lidt oftere.
🌡️8	Ens barn er syg og man kan ikke få hjælp. Det kan være svært, at tro på det barnet siger. "Så slemt kan det ikke være" Man er ked af, at ens barn ikke trives, men ved ikke hvad man skal gøre.
🌡️9	Man er ikke 100% sikker på at ens barn går i skole. Man tænker skoleskift. Barnet har en del fravær nu. Barnet kan begynde, at ændre forhold til kosten.
🌡️10	Man gir´ fortabt. Fandt ikke helt ud af hvad der skete. Skoleskift synes som den eneste mulighed. Man kan have lidt dårlig samvittighed, over at have budt sit barn dette forløb.

Redskaber – handlemuligheder for forældre og professionelle omkring offeret.
Indsatsområder/hvad kan man gøre.

1	Der er uro i klassen **Professionelle**: Sørg for mindst en lærer/pædagog har fokus på klassetrivsel **Forældre**: Arbejd gerne med klassetrivsel i forældreregi
2	**Professionelle**: Vær yderst opmærksom på klassekulturen og arbejd aktivt med denne. **Forældre**: Lyt opmærksomt til hvad dit barn siger. Tag gerne kontakt til lærerne.
3	**Professionelle**: Ved forældrehenvendelser, tag en skarp måling på klassetrivslen. **Forældre**: Signaler til fagpersonale at dit barn ikke trives
4	**Professionelle**: Kulturen i klassen er tilsyneladende skredet. Arbejd på den gode klassekultur. **Forældre**: Fortsæt med dialog med lærere. Skriv dagbog på dit barns vegne om hvad der sker. Det er vigtigt!
5	**Professionelle**: Arbejd med en stram struktur i klassen. Tag så meget kontrol som muligt. **Forældre**: Dit barn er presset. Støt det så meget det er muligt.
6	**Professionelle**: Medinddrag ledelsen og anden støtte. **Forældre**: Sygdom og fravær kan forekomme hos dit barn. Kræv en handleplan fra skolen nu.
7	**Professionelle**: Ofret søger nu væk fra klassen. Sørg for at være opmærksom på vedkommende så meget som muligt og hjælp og støt. **Forældre**: Jeres barn er max presset. Hjælp, støt og anerkend. Uden jeres barns vidende, er det en god ide at arbejde med alternative løsninger.
8	**Professionelle**: Er situationen her, skal der ekstra ressourcer til. AKT, trivselskonsulenter eller andet. **Forældre**: Skolen har tabt overblikket. Søg ekstern støtte og hjælp. Tal med dit barn om evt. skoleskift.
9	**Professionelle**: Ofret kommer sandsynligvis ikke så meget i skole nu. Tal med klassen om hvad der sker. Søg pædagogisk støtte hos ledelsen. **Forældre**: Barnet behøver ikke gå i skole nu. Tal med kommune mm. om alternative løsninger.
10	**Professionelle**: I har nu en "spøgelseselev" i klassen. Kulturen er giftig. Arbejd med denne, til den er sund igen. **Forældre**: Jeres barn skal starte et nyt sted. Afhængig af mobningens karakter, skal I få samlet op på den mentale situation.

Klassen

Hvad sker der i klassen når en mobbesituation eskalerer

1	Klassen trives ikke.
2	Der opstår grupperinger og konsensus om hvem der er med og ikke med i en gruppe. Der opstår en ubevidst frygt for ikke at være med i en gruppe.
3	Grupperinger forstærkes. En gruppering har fokus på et offer. Der er konsensus om, at det er ok at have negativt fokus på en enkelt. Enkelte elever har ingen ide om hvad der sker.
4	Der er mental uro i klassen. Typisk bliver der holdt møder mellem de involverede. Hvis den professionelle der afholder disse møder ikke er skarp nok, kan sådanne møder have modsat effekt.
5	Der opstår nu langsomt men sikkert en udstødelseskultur.
6	Det er nu talesat i klassen, at man ikke "er sammen med" ofret. Ofret ekskluderes, digitalt som socialt.
7	Eleverne bekender sig til kulturen i klassen. Nogle af frygt for selv at blive offer. Offeret kan blive lokket til forskellige situationer, som vedkommende går med til i håb om at "komme tilbage." Men bliver udstødt igen og igen.
8	Offeret er nu 100% ekskluderet og ingen gør noget. Fysisk og psykisk vold mod offeret kan forekomme. Der er gode "point" at hente, hvis man laver en ordentlig sviner af offeret.
9	Kulturen i klassen er "rådden" Det er tilladt i klassen at, slå, skubbe, grine og hovere overfor offeret. Det er ikke tilladt at, hjælpe offeret, at spørge om hjælp hos de voksne.
10	Der er en giftig uro i klassen. Det tidligere mobbeoffer er væk. Det tidligere mobbeoffer er i klassen som en spøgelseselev, og er en del af klassens egenfortælling. Han/hun passede jo alligevel ikke ind i vores klasse.

Lærerne/pædagogerne

Følgende skal læses, som en situation hvor personalet ikke får styr på en mobbesituation.

1	På dette niveau er de professionelle typisk ikke opmærksomme på det der sker.
2	Der er måske en anelse mere uro end der plejer at være. Det kan slås hen med forskellige undskyldninger som for eksempel: det er homoner... osv.
3	Der er grupperinger og man kan have en ide om, at alle ikke trives. Man gør tiltag i SFO og i klassen generelt. Der er enkelte forældrehenvendelser
4	Man mener at have identificeret problemet. Skolens antimobbeplan aktiveres. Der er forskellige tiltag. Drengemøder, pigemøder, konfliktmægling, Den varme stol, workshops mm.
5	Man tilbyder månedlige trivselssamtaler til den enkelte. Man mener at have styr på situationen.
6	Det enkelte offer virker ikke helt glad. Siger det ikke går godt. Men man er fortrøstningsfuld, for man har gjort hvad der er nødvendigt
7	Der er lidt fravær fra enkelte elever. Det slås hen med lidt sygdom. Forældre ringer og siger at barne stadig ikke trives, og man lover at have fokus på det hele.
8	Forældre ringer og siger at barnet er helt isoleret. Man prøver at få fat på hvad der sker i klassen, men ingen vil sige hvad der sker.
9	Offeret kommer nu sjældnere i skole. Grundet travlhed og alle de andre børn får man ikke lige fuldt op. Familien til offeret melder ud, at der skiftes skole.
10	Den tidligere elev er udmeldt af skolen. Klassen definerer nu selv deres kultur. En udstødelseskultur. Den tidligere elev indgår i klassens fortælling som: han/hun passede alligevel ikke ind. Den tidligere elev er blevet en spøgelseselev.

Den mobbede/offeret.

Det fucker med ens hjerne – Olivia 16 år.

Dette barometer viser udenforstående, hvad der kan ske i en mobbesituation. Typisk forstår vi ikke alvoren i det der sker. Og typisk forstår vi ikke hvad der konkret sker.

Erfaringen viser, at er du på niveau 5 og over, i længere tid, er der mulighed for psykisk og fysisk sygdom. Ofte vil der være brug for langvarig mental hjælp fra professionelle.

1	Der er "pludselig" en negativ opmærksomhed omkring den der bliver offeret
2	Som offer stiller man sig uforstående over for dette. Man prøver at slå det hen, men kan tydelig mærke uvilje fra de andre.
3	Man bliver ked af det i skolen. Søger at klare problemerne selv, men støder kontinuerligt ind i en væg af afvisning. Siger det til forældrene. De forstår det ikke.
4	Man søger hjælp nu, med støtte fra forældre. Der oprettes samtalegrupper. Disse kan desværre have modsat effekt. Det er tydeligt nu, at man bliver mobbet.
5	Selvtilliden er tydeligt påvirket. Det er tilladt at klassen griner af en. Digital og social isolation starter. Man "går ikke med klassen" men oftest bag denne, når man bevæger sig rundt.
6	Selvværd og selvtillid falder drastisk. Der bliver grinet/vendt øjne når man siger noget. Ingen ønsker at arbejde sammen med offeret.
7	Man er isoleret. Sidder for sig selv. Holder sig for sig selv. Søger yngre venner. Man har uro i kroppen. Det er ikke rart at gå i skole mere.
8	Det er svært at komme i skole. Fysisk og psykisk vold forekommer hver dag. Man påvirkes mentalt og fysisk. Selvskade kan forekomme.
9	Hvis man ikke har skiftet skole er følgende muligt: Fysisk afstraffelse af de andre. Man tager spejlet ned derhjemme, kan ikke holde ud at se sig selv.
10	Hvis man stadig er i klassen kan følgende forekomme: Man er i stress hele tiden. Selvskade. Spiser sygdomsfremkaldende produkter, så man er "rigtig syg" og ikke skal i skole. Man overvejer "Den sidste udvej"

I det følgende kommer mobbebarometrene i fuld udgave.

Rækkefølgen er:

Den enkelte - offeret

Forældrene

Klassen

Handlemuligheder

Lærerne

Offeret generelt

Offeret – den enkelte

I det følgende handler det, om den der bliver mobbet.

Ideen med dette barometer er, at den som bliver mobbet, kan pege på det niveau, som man bliver mobbet.

"Alt" hvad der står i et felt, behøves ikke være opfyldt. Men er der blot en af de nævnte situationer der forekommer, betyder det at man er på dette niveau.

For alle barometre gælder, at de skal forstås akkumuleret. Det betyder, at det som sker på niveau 1, foregår også på niveau 2. Det der foregår på niveau 1 og 2 foregår også på niveau 3. Og så videre.

Mobbebarometer

Til den enkelte – dig der bliver mobbet

Dette barometer er lavet til dig, der bliver mobbet. Hvis du er et mobbeoffer kan det nogle gange være svært, at sætte ord på hvor hårdt det er, men også hvor slemt det er. Med dette barometer kan du læse om, hvor på en skala det du bliver udsat for kan scores ind.

Det er en skala fra 1 til 10 hvor 10 er det højeste og der hvor det er værst for dig.

VIGTIGT:

Alle de forskellige detaljer på et skala-niveau, er ikke noget der nødvendigvis skal være sket for dig. Det er noget der kan ske. Men hvis du har været udsat for noget eller nogle af de forskellige skala-trin, betyder det, at du er på dette trin.

Af en eller anden årsag, er der negativ opmærksomhed omkring dig. Måske nogen ikke vil sidde ved siden af dig eller andet. Det virker mærkeligt, men du tænker det går over.

Du er opmærksom på, at du er centrum for nogle mærkelige ting. Det kan være kommentarer der ikke er søde eller andet. Men du slår det lidt hen og tænker det går over

---

Du er lidt ked af det i skolen. Der er noget der ikke spiller, men det er svært at finde ud af hvad og hvordan.

Du prøver at løse det selv med forskellige tiltag.

Far og mor siger at det nok skal gå over – men du ved at der er noget forkert.

Du har sagt til de voksne hvad der sker.

Du har stadig lidt overskud til, at prøve at ændre på situationen.

Der har været afholdt samtalegrupper, måske både for drenge og piger eller de involverede grupper.

Ved møderne er det muligt, at det har føltes helt forkert for dig. At du har siddet med fornemmelsen af, at det ikke var dig der var ofret men de andre. Måske endda der er nogen der sad og græd til disse møder og du ikke fik den opmærksomhed du egentlig skulle have haft.

Du begynder "at være udenfor" i forskellige sammenhænge. Det kan være på de sociale medier men også i gruppearbejder. Du kan have en fornemmelse af, at der bliver afholdt arrangementer hvor du ikke bliver inviteret til.

Mobbebarometer

Der bliver grinet af dig løbende – lærerne virker ligeglade, selvom du fortæller hvad der sker.
Du bliver ikke inviteret til forskellige sociale arrangementer, med mindre nogen tvinger andre til dette.
Der er ingen i klassen der vil "gå" sammen med dig i frikvartererne eller ude for skolens område.
Når klassen eller grupper fra klassen går sammen, går du altid bagerst hvis du altså går med.
Du ved at du er god nok, men det er svært at tro på.
Du afventer at der sker noget godt for dig, fordi der har været afholdt en række møder.

Din tro på dig selv kan du mærke falder. Du begynder at tænke dårlige ting om dig selv.
Du kan slet ikke få lov at sige noget i gruppearbejde og andet i klassen.
Hvis du siger noget griner de andre af dig. Nogen vender øjne.
Du kæmper modigt for at være med i klassen men synes det er meget svært.
Det er svært at blive ved med at sige til mor og far hvad der sker og at du har det dårligt – det er som om, de er ved at være trætte af at du ikke er glad
Du kan have dårlig samvittighed over at de skal bruge så meget tid på dig.

Du er isoleret i skolen. Du holder dig for dig selv, da det er nemmest. For bare at have lidt selskab, er du sammen med nogle fra de mindre klasser.
Der er noget uro i din krop, som kan være svært at beskrive – men du ved den er der.
Du synes det kan være svært at huske detaljer/lektier ovre fra skolen.
Det er overhovedet ikke sjovt, at gå i skole
Mor og far forstår dig ikke, men siger ting som: "Du skal bare op på hesten igen"
Din lærer siger, at det burde blive bedre nu – selvom du ved at de møder der har været holdt med de forskellige grupper ikke har hjulpet.
Du er blevet udelukket fra forskellige grupper på de sociale medier

---

Det er ikke fedt at gå i skole. Det kan faktisk være en befrielse at være rigtig syg – også hvis du skulle være indlagt på hospitalet, er det bedre end skole. Man kan helt få dårlig samvittighed af sådanne tanker.
Du kan ikke fokusere på det der sker i skolen, for det virker som om din hjerne er optaget af noget andet.
Du kan føle at alle forfølger dig.
Du føler stress. Stress er når du ikke har overblik over dit liv.
Du kan:

- Have mavesmerter
- Have ondt i hovedet
- Have ondt i hele kroppen
- Have søvnproblemer. For eksempel "kan ikke falde i søvn, vågner om natten, vågner alt for tidligt"
- Være isoleret – både derhjemme og i skolen. Ingen at være sammen med.

Mobbebarometer

Skala 1 til 10
Mobbeofferet

8

Måske du har overvejet på grund af de forskellige smerter du føler, at gøre skade på dig selv i form af det der hedder cutting eller andet.

Du prøver at følge med på de sociale medier, men det gør alt for ondt at kigge her.

Fysisk og psykisk vold <u>kan</u> forekomme.
Hvis noget af følgende forekommer, er det vigtigt at du siger det til de voksne. Uanset din egen alder.

Fysisk og psykisk vold er blandt andet:

Fysisk vold:

- Slag
- Lammere
- Armvridere
- Nivning
- Voldsomme skub
- Du får roller i forskellige spil/lege hvor du udsættes for fysisk smerte, måske med en bold eller andet
- Og sikkert mere

Psykisk vold:

- Udstødelse på de sociale medier
- At blive gjort til grin på de sociale medier
- At blive gjort til grin i klassen
- Hærg og had på sms
- Udelukkelse
- Altid på tildelt dårlige "roller"
- Udelukkelse i gruppearbejde
- Og sikkert meget mere

Ens hjerne fucker, og man får virkelig dårlige triste tanker og følelser. En tanke man kan være virkelig ked af at tænke kunne være:

"Tænk nu hvis de eneste i hele verden der holder af mig er min mor og far? Tænk nu hvis mit liv slet ikke har nogen betydning?"

Mobbebarometer

9

Hvis du kommer i skole er du udsat for <u>daglig/ugentlig</u> vold. Både psykisk og fysisk.

Hvis du skulle være i tvivl så kan det være følgende:

Fysisk vold er blandt andet:

- Slag
- Lammere
- Armvridere
- Nivning
- Voldsomme skub
- Du får roller i forskellige spil/lege, hvor du udsættes for fysisk smerte, måske med en bold eller andet
- Og sikkert mere

Psykisk vold er:

- Udstødelse på de sociale medier
- At blive gjort til grin på de sociale medier
- At blive gjort til grin i klassen
- Hærg på sms
- Udelukkelse
- Altid få tildelt dårlige "roller"
- Udelukkelse i gruppearbejde
- Og sikkert meget mere

Din hjerne fucker med dig, og du begynder at tro at du ikke er noget værd.
Du har taget spejlet ned derhjemme, for ikke at se på dig selv.
Du prøver at gemme dig for omverdenen. Vil ikke ud. Dukker dig når du går forbi vinduer derhjemme.
Det er svært, at forlade sit værelse eller hus/lejlighed.
Hvis du går ud, er det godt pakket ind i "stort tøj" du ligesom kan gemme dig i.
Du pjækker, hvis det er muligt.
Du kan se de andre har det "sjovt" på de digitale medier men du er ikke inviteret med.
Du bliver også drillet/udelukket digitalt

10

Du kan ikke bevæge dig mod skolen. Det virker fysisk umuligt for dig.
Dine tanker kører hele tiden. Du har fysiske udfordringer i form af du måske:

- Skader dig selv
- Kaster op
- Spiser for meget

Du tør ikke kigge på Snapchat, facebook osv fordi du ikke ved hvad der kan ske
Hvis du kommer i skole kan der ske følgende ting:

- Usynlige slag ud af ingenting kan ske
- Skub i ryggen
- "Tilfældige" voldsomme skub sker

Forældrene/familien

På dette barometer kan du som forælder se, hvad der sker i en mobbesituation derhjemme.

Det er rigtig vigtigt, at du/I ikke får dårlig samvittighed, når I læser jer igennem barometrene. Mobning er et uvæsen og udemærker sig ved, at man først får øje på dette alt for sent.

Mobbebarometer

Forældrene/Familien

Når du som forældre læser dette, skal du vide, at det er vigtigt, ikke at have dårlig samvittighed.

Mobning er et uvæsen og du har ikke en chance.

Mange tænker "Hvorfor gjorde jeg ikke noget anderledes i forhold hvad mit barn sagde....?"

Men som forældre har du ikke en chance for, at vide og forstå hvad mobning er, når det først er i gang. Derfor er det vigtigt at se fremad og handle ud fra hvor på barometret I er.

Som forælder er man her ikke opmærksom, da det foregår i skolen og ikke rigtigt er talesat derhjemme endnu.

Som forælder er man her ikke opmærksom, da det foregår i skolen og ikke rigtigt er talesat derhjemme endnu.

Ens barn signalerer, at det ikke går godt i skolen. I en travl hverdag kan man slå det hen og sige at "Det går nok over inden så længe" eller "Kan du ikke sige det til lærerne?"

Typisk bliver der holdt møder i klassen. Pigegruppemøder, drengegruppemøder, de involverede gruppemøder.

Man bliver som forældre orienteret om dette og tænker, at nu kommer det til at blive bedre.

De professionelle signalerer at man er tæt på offeret, dette via samtaler eller observation i klassen.

Mobbebarometer

Barnet siger at det stadig ikke går godt. Som forældre kan man slå det lidt hen da man har fået at vide, at "der er styr" på det, fra skolens side.

Det er frustrerende som forælder. Man er tilbøjelig til at tænke, at ens barn måske overdriver da de professionelle har sagt de har holdt møder og at der "er styr på det" Barnet begynder at blive syg oftere end normalt.

Ens barn er sygt og man kan ikke få hjælp. Som forældre kan man have svært ved at tro på, at det er så slemt som barnet beskriver - det kan det ikke være.

Man har et barn som nu entydigt ikke trives.
Barnet er ofte syg og hygger sig med at være hjemme.
Barnet kan isolere sig på sit værelse med computer, telefon eller andet.

Man appellerer til skolen om at løse problemet. Der kan ske to ting.
1. Skolen byder ind med tiltag - med held og dygtighed stoppes alt
2. Skolen byder ind med tiltag - men det har ingen effekt eller worst case mobningen eskalerer

Man kan synes, at ens barn nu nok overdriver lidt og det kan være trættende med al den opmærksomhed som barnet kræver.

Man er ked af, at ens barn ikke trives og er yderst bekymret, men ved ikke hvad man skal gøre.

Man er ikke 100% sikker på om ens barn går i skole.
Man overvejer en lang række ting, men bliver ved med at tro på, at skolen har styr på det.

Man tænker skoleskift men bliver ved at sende sit barn i skole i tiltro til, at det nok skal gå.

Barnet har nu en del fravær og vil ikke i skole.

Dit barn kan begynde at ændre forhold til kosten

Man gir fortabt – og fandt aldrig helt ud af hvad der skete
Skoleskift er nu den eneste mulighed.

Tænker over hvad dette har gjort ved mit barn og om man kunne have gjort noget anderledes.
Man kan have dårlig samvittighed over at have budt sit barn dette forløb.

Håber på det bedste.

Klassen

På dette barometer kan man læse, hvad der sker i klassen på de forskellige niveauer.

Mobbebarometer

Skala 1 til 10
Klassen

Klassen

Barometret skal forståes akkumuleret. Hvad der sker på et trin, følger med på næste niveau.

Trivslen er ikke maximal i klassen. Der er ikke nogen styring og enkelte elever kan have sociale og private udfordringer.
Klassehierarkiet er ikke helt tydeligt.

Der opstår grupperinger og konsensus om, hvem der ikke er med i en gruppe. Langsomt forstærkes disse grupperinger og der opstår en ubevidst frygt for ikke at være i en gruppe.
Denne frygt gør at den enkelte/gruppen er yderligere opmærksom på hvem det er ok at udstøde

Grupperinger forstærkes. En gruppe har fokus på et offer.
Der er nu enighed om, at det er ok at have negativ fokus på en enkelt eller to elever i klassen
En gruppe i klassen ved typisk ikke hvad der sker.

Der er mental uro i klassen.

Typisk bliver der holdt møder mellem de "involverede" parter

Hvis ikke den professionelle person der afholder dette møde er skarp nok, kan der desværre ske det, at dem der går forrest i mobningen kan komme til at virke som ofre og den der er offeret kan sidde med en forståelse af "hej var det ikke mig som havde det dårligt"

Der opstår nu ganske langsomt en udstødelses kultur, hvor det bliver tilladt til at starte med vende øjne af det udpegede offer.
Man griner i det skjulte af offeret. Man går ikke sammen med ofret.

Det er nu talesat i klassen, at man ikke "er sammen med" ofret.
Digitalt ekskluderes offeret og kan ikke komme til orde i forskellige sammenhænge.

Der hersker en syg kultur i klassen a la "Den stærkeste overlever." Eleverne sørger for, at være med den gruppe der tilsyneladende er den stærkeste.
Man kan eventuelt tappe ind i denne stærke gruppe ved, at udsætte offeret for en nedladende handling

Mobbebarometer

7

Hvis mobbeofret er i skole bydes personen ikke ind i grupper.

Hvis offeret er tvunget med i en gruppe, får denne ikke lov at komme til orde. Og hvis vedkommende kommer til orde bliver dette hurtigt gjort til grin

Der kan være forskellige trivselstiltag i klassen, men ingen hjælper da kulturen aktuelt er stærkere end "det de voksne siger"

Digitalt kan der nu forekomme udstilling af offeret samt der opstår grupper offeret kan se men ikke være med i.

Eleverne bekender til hierarkiet i klassen

Eleverne kan lokke ofret til forskellige ydmygende tiltag – ofret gør dette i håb om at "komme med" igen i klassen.

Når offeret har gjort "det" er det kun for at blive gjort markant til grin

---

8

Offeret er nu ekskluderet og ingen siger noget i klassen. Der er en utalt stemning af, at så længe det ikke går ud over mig er jeg med mod offeret.

Fysisk vold kan forekomme i form af armvridere, lammere, eller andet

Der er konsensus om at hvis noget ikke fungerer er det mobbeofferets skyld

Det er tydeliggjort at alle "kan ikke lide" mobbeofferet – og dette talesættes gerne hvis nogen skulle være i tvivl.

Der er "point" for en god sviner af ofret

Digitalt sørges der for at offeret modtager kontinuerlige beskeder om ikke at være god nok

Alle ved at offeret er isoleret men alle er "glade for" at det ikke er en selv

---

9·
·

 Det er nu tilladt, når offeret kommer i skole, at
Skubbe den enkelte
Slå den enkelte
Lægge ulækre ting i offerets taske
Hærge den enkelte digitalt
Grine og hovere
Et godt skub mod offeret giver "credit"

 Det er ikke tilladt:
· At hælpe offeret
· At henvende sig til de voksne

Fælles udskamning af offeret forekommer, både fysisk men også digitalt

Eleverne er utrygge i klassen. Enkelte, hvis ikke flere er helt med på, at det der sker, ikke er ok. Dog er de bange for, at hvis de gør noget, kommer det til at gå ud over dem.

10

Uro i klassen.
Det tidligere offer er der ikke mere og ingen ved om, hvem der eventuelt bliver den næste.

Det tidligere offer er tilstede som en del af klassens fortælling. En spøgelses-elev som blev en del af klassens fælles identitetsfortælling.

Typisk talesat som "han eller hun passede jo alligevel ikke ind her" En legalisering af udskamningskulturen.

Handlemuligheder for forældre og professionelle

Dette barometer er tænkt som en række handlemuligheder for forældre og de professionelle omkring klassen.

Det er forslag til, hvad man kan gøre. Alle muligheder er ikke listet op her. Det er kun til inspiration.

Mobbebarometer

Handlemuligheder for forældre og de professionelle omkring ofret.

Indsatsområder/hvad kan man gøre.

I forhold til situationens niveau er der forskellige handlemuligheder, dels for det pædagogiske personale omkring klassen og dels for yderligere involverede personer omkring klassen og den enkelte person.

Professionelle
Der er uro i klassen. Måske har der været skift af fagpersonale, sygdom eller andet. Sørg for at der er mindst en der har fokus på klassens trivsel
Forældre
Som forældre til en ulmende mobbesituation kan du ikke rigtig gøre noget her. Dit barn signalerer at der er lidt uro i klassen.
Arbejd gerne med klassens trivsel i samarbejde med forældregruppen

Professionelle
Der er stadig uro i klassen. Vær yderst opmærksom på hvilken kultur der er i klassen. Kom tæt på dine elever. Spørg dem hvordan de har det og observer hvordan børnene taler til hinanden.
Hvis muligt se også hvad der sker i frikvartererne.
Forældre
Lyt opmærksomt hvis dit barn signalere at der sker noget mystisk i skolen.
Endnu kan mobningen være svær at få øje på. Tag gerne kontakt til lærerne.

Professionelle
Ved forældrehenvendelser, tag en meget skarp måling på klassen. I teammøder få alle fagpersoners vurdering af klassens trivsel.
Husk mobning foregår normalt under radaren.
Forældre
Signaler kraftigt til fagpersonalet at dit/jeres barn ikke trives. Lyt til og tro på dit barn.
Brug eventuelt mobbebarometret for at give dit barn mulighed for at sætte ord på hvad der sker.

Mobbebarometer

Professionelle
Kulturen er skredet i klassen. Medmindre der er voksne omkring klassen der kan sætte meget hårdt ind for eleverne, skal der gøres noget andet.
Trivselsdage med hjælp fra AKT-lærere.
Ved pige/drenge-gruppemøder skal man være ualmindelig meget opmærksom på at dem der udøver mobning ikke "spiller spillet" det er mig der er ofret

Identificer ofret og udøvere. Tag snakke med de enkelte og sæt handleplaner i værk.
Stil krav til alle og udfør konsekvenser hvis disse ikke bliver overholdt.

Hvis økonomi brug eksterne konsulenter til at lave trivselsdage for klassen.
Aftal med disse hvad I gerne vil have og sørg for, at få et fundament/fælles forståelse I som lokalt fagpersonale kan arbejde videre med sammen med klasse og forældre.

Forældre
Fortsæt dialog med de professionelle omkring klassen.
Skriv dagbog i forhold til hvad der sker, på dit barns vegne. Det er vigtigt!
Ræk ud til kontaktforældre og hør om man kan sætte sociale tiltag i værk.
Undgå i videst muligt omfang at tage fat i både andre elever og forældre men brug de professionelle omkring klassen.

Professionelle
Begynd at arbejde med meget stram struktur i klassen. Sørg for at alle sociale arrangementer man har indflydelse på som fagprofessionel, favner alle elever.
På disse arrangementer må der ikke være "huller", hvor eleverne er uden plan. I det omfang det er muligt, skal gruppearbejde og tilsvarende undgås medmindre det er voksenovervåget.

Det er nu "talesat" i klassen, at der er en man ikke må arbejde sammen med.
At arbejde med tvungne grupper kan skade inklusionsprocessen. Undervis v. tavlen og lad eleverne arbejde enkeltvis.
Sørg for at få inklusionspersonale på i frikvarterene.
Den som bliver mobbet går typisk alene. Afhjælp dette.
Indfør feed back systemer med den der bliver mobbet og vær så tæt på som muligt.
Der skal som minimum tages en ugentlig status.
Brug eventuelt skalainstrument a la; på en skala fa 1-10 hvordan går det? Hvis det ikke går fremad er indsatsen ikke god nok.

Forældre
Dit barn er presset. Giv det endnu mere kærlighed derhjemme. Find alternative steder hvor dit barn kan hente energ ex., sport, familie, venner, kreative ting mm.
Fordi dit barn er presset kan han/hun tolke alle handlinger over for eventuelt søskende som meget stor forskelsbehandling.

Tal med dit barn om hvad der sker på de sociale medier. Hvis du er heldig, får du det at vide. Afhængig af alder kan man kræve at få lov at kigge med.

Mobbebarometer

Skala 1 til 10
Redskaber

Professionelle
Som i pkt 5. Hvis vi er her på niveau 6, har I fagprofessionelle et menneske der nu mistrives alvorligt.
Så alvorligt at det nu kan give "ar på sjælen" resten af livet.
Ledelsen skal medinddrages nu. Eventuelt før, afhængig af hvad den lokale trivselsplan/antimobbeplan siger.

Overvej at lave forældremøder og medinddrag disse.
Forældremøder skal være stramt styret og det er vigtigt ikke at pege fingre ad nogen. Til eventuelle møder må ingen sidde tilbage med en følelse af skyld eller andet.

Læg en stram plan for et sådan møde.
Når forældrene forlader mødet skal de være så trygge som muligt og vide at skolen har en yderst konkret plan som bliver iværksat.

Sørg for at forældre bliver informeret på det niveau de skal informeres på.

Forældre
Sygdom og fravær kan nu forekomme. Vær tæt på dit barn og vær sikker på han/hun kommer i skole. Hvis han/hun virkelig ikke vil så anerkend dette og sørg gerne for alternative muligheder.

Kræv en meget konkret handleplan fra skolen. Der skal være tydelige mål mm. i denne således, at I og jeres barn kan se der sker en positiv progression.

Tal med dit barn om tilstanden på de digitale medier. Vær opmærksom på, at der sikkert er platforme som du ikke kender til. Spørg dit barn forsigtigt omkring dette.
Forkæl dit barn og giv det ekstra opmærksomhed.

Vær opmærksom på at du/I forældre kan blive godt trætte af at jeres barn er så opmærksomhedssøgende. Dette er normalt da jeres barn er dybt usikker på sig selv nu og sandsynligvis også yderst ked af det.
Indtil der er en normal situation, er det en god ide at give barnet ekstra støtte.

Mobbebarometer

Professionelle
Den mobbede søger nu væk fra klassen i det omfang det er muligt.
Sørg for at være så mange som muligt omkring ofret hele tiden. I fritiden, frikvarteret, klub mm.
Vær opmærksom på hvad der sker. Ofret vil oftest søge "nedad" i det sociale, eller trække sig og sidde alene.
Fortsæt gerne en stram struktur i klassen og begynd kontinuerligt at arbejde med de trivselsredskaber der er til rådighed.

Arbejd med:
· En god tone både digitalt men også i virkeligheden.
· Ansvarlighed – der sidder helt sikkert nogle elever der har lyst til at sige fra men ikke tør. De kan tænkes at dække sig ind under "at det er at sladre"
· Undgå gruppearbejde – hvis eleverne skal arbejde parvis vær ekstremt opmærksom på den der bliver mobbet og hvad der foregår
· Arbejd via "games"/lege/spil på at opbryde hierarkiet i klassen
· Hvis eleverne skal fremlægge vær meget opmærksom på, ikke at få sat ofret i svære situationer - skån eventuelt vedkommende
· Sæt hårdt ind i situationer hvor ofret er blevet/bliver gjort til grin.
· Konkrete trivselsmålinger så de professionelle kan se om det reelt går den rigtige vej

Forældre
Dit barn er nu max presset i skolen.
Anerkend at det er svært. Kommuniker med skolen om hvad de gør og hvad der sker. Det er et kritisk tidspunkt nu og dit barn kæmper mod vindmøller.

Hvis dit barn ikke kan komme i skole fordi han/hun har det dårligt, så anerkend dette.

Begynd, uden at tale med jeres barn om det, at arbejde med alternative skolemuligheder. Altså ny klasse, ny skole etc.

Søg ekstern sparring fra øvrige eksperter

Afhængig af hvor hårdt dit barn er blevet mobbet, kan det komme på tale, at gå en klasse om grundet tabt faglighed.
Læs eventuelt nogle af de historier der ligger på mobbehåndbogen.dk, hvor også andre mobbeofre har gået en klasse om og er kommet ualmindeligt godt tilbage.

Vær opmærksom på at du/I forældre kan blive godt trætte af at jeres barn er så opmærksomhedssøgende.

Dette er normalt da jeres barn er dybt usikker på sig selv nu og sandsynligvis også yderst ked af det.

Mobbebarometer

Professionelle

Hvis man er kommet hertil, skal der ekstra ressourcer til.
Få ledelsen til at hjælpe med alt hvad der er af ressourcer. Pædagoger, AKT-lærere, ekstra lærere.

Del eventuelt klassen op i mindre enheder i det omfang det er muligt.
Ha med at mobning foregår "under radaren" og hvis vi er på dette niveau sker der ting du ikke ser.

Udøverne har skabt en situation hvor de styrer max, måske endda mod deres vilje.

Der vil sidde elever som ikke ønsker situationen, men som ikke kan "komme ud af denne"

Hvis ofret kommer i skole, vær omkring ham/hende for at skabe så meget tryghed som muligt. Både i klassen men også i frikvarter mm.

Forældre

Skolen har tabt overblik over situationen. Søg ekstern eksperthjælp i det omfang det er muligt.

Tal med dit barn om eventuelt skoleskift. Lad barnet forstå at det egentlig ikke er op til ham/hende, men en beslutning I voksne tager.

Sæt tidshorisont på, så situationen, eller afslutningen af denne, bliver konkret.

Et mobbeoffer kan være så usikker/bange, at det for ofret kan virke mere sikkert, at blive i den situation der er, end at møde et nyt og bedre sted. Derfor er det en voksenbeslutning, at barnet/ofret skal skifte skole/klasse.

Det vigtigt, at have skrevet de forskellige voldsomme situationer ned, så man/I efterfølgende kan læse dette igennem sammen med barnet.

Det er absolut tilladt nu for jeres barn, ikke at komme i skole.

Søg alternative sociale muligheder for dit barn.

Anerkend, anerkend, anerkend at det er ualmindeligt svært.

Mobbebarometer

Professionelle

Ofret kommer sandsynligvis ikke meget i skole, fordi vedkommende er syg og bange for at troppe op.

Hvis ofret kommer i skole er det udsat for grum terror, eller der er stor mulighed for dette – hvilket gør at ofret er i kontinuerlig stress hele dagen.

Tal med klassen om hvad der sker og hvorfor.

Situationen kan nu være vanskelig at rette op på - og det kan være svært at inkludere den mobbede.

Der vil være uro i klassen, nogle vil måske forlade denne og andre vil være oprigtigt bange for, at de er næste i rækken.

Arbejd med en stram pædagogisk linje – få ledelsen med som sparring
Her kan man eventuelt tale lærerskift.

Der skal kontinuerligt arbejdes med klassetrivsel og laves løbende målinger for hvordan det går for klassen

Forældre

Dit barn skal ikke i skole nu. Det er reelt usikkert for dit barn, at være i skolen og det kan blive udsat for fysisk vold.

Tal med skole/kommune om alternative løsninger. Det kan være hjemmeundervisning indtil anden løsning er fundet.

Det er vigtigt nu, at lade dit barn forstå han/hun skal noget andet.

Når der er kommet ro på, og ny løsning fundet skal I finde dit barns faglige standpunkt da han/hun sagtens kan have mistet en masse faglig viden på grund af hele mobbesituationen.

Ny skole skal medinddrages i hvad der er sket. Dog skal dette ikke formidles til kommende klassekammerater.

Hvis dit barn går i skole, skal der sættes en række kontrolsystemer op, således at der er 100% tjek på hvordan dit barn har det.
Tilbagemelding fra skolen skal ske på minimum 14 dagsbasis.

Lav en mental genopbygningsplan enten for dit barn og gerne sammen med dit barn, så du kan se dit barn kommer tilbage på fuld styrke.

Her kan du med fordel bruge genopbygningshjulet (Wheel of wonder) som er andet sted på hjemmesiden..

Mobbebarometer

Skala 1 til 10
Redskaber

10

Professionelle
Den mobbede har nu forladt skolen/klassen.
Der skal nu arbejdes hårdt pædagogisk med klassens kultur og sociale trivsel.

Der skal dannes en ny kultur hvor klassen forpligter sig til at leve op til denne.

Brug gerne eksterne konsulenter til dette - aftal/afstem hvad I/klassen har brug for og lav et forløb hvor det pædagogiske personale omring klassen kan bruge eventuelle workshop mm. som et afsæt for klassen trivsel.

Til en start er det vigtigt, at der arbejdes med en stram pædagogisk struktur. Disciplin mm.

Forældre
Følgende kan være hårdt at læse som forældre...
Jeres barn skal nu starte på ny. En ny klasse, skole eller andet.
I har nu et barn der er "kørt over" rent mentalt og der forestår et opsamlingsarbejde.

Personligt ville jeg mene, at den kommune hvori det hele er foregået har en pligt til at hjælpe jeres barn på rette spor igen. Dette er kommunen ikke nødvendigvis enig i.

I har et barn der kan have post traumatiske symptomer, kan være mentalt sat tilbage, kan have svære faglige huller (afhængig af varigheden af mobningen)

Jeres barns selvværd og selvtillid er i bund og skal forsigtigt genopbygges. Det kræver professionel assistance selv om far eller mor skulle være coach eller psykolog eller andet.

Der skal "ryddes op" i det der er foregået og rigtigt vigtigt også sættes en fremtidsforståelse op, således at jeres barn også ser en fremtid uden at være et offer.

Det er en proces som kan tage flere år.

Det kan komme på tale at gå en klasse om.

Dit barn kan udvikle symptomer på følgende:
· Social fobi
· Social "over load"
· Mest lyst til at være alene
· Lille selvtillid
· Lille selvværd
· Det var alligevel bedre der hvor jeg blev mobbet, end der hvor jeg skal starte nu
· Stor usikkerhed
· Angst
· Forvrængede tanker om hvad andre tænker om en
· Selvskade
· Spiseforstyrrelser
· Er jeg skør
· De andre må ikke se mig
· Jeg kan ikke holde ud at se mig selv i spejlet (jeg tager spejlet ned)

Lærerne/pædagogerne

Dette barometer skal læses som en situation, hvor man ikke fik styr på det. Det er vigtigt ikke at tage det personligt. Mobning foregår under radaren, derfor får man først øje på dette uvæsen for sent.

Mobbebarometer

Skala 1 til 10
Lærerne I

Lærerne/pædagogerne

Følgende skal læses som en situation hvor man som lærere/professionelle, ikke får styr på en mobbesitutation

På dette niveau er de professionelle typisk ikke opmærksomme på der sker noget i klassen. Der kan være lidt uro i klassen, men typisk ikke mere end hvad man oplever normalt.
Trivselsmålinger, klassens time mm. giver ikke udslag og man har en ide om at alt er ok

Der er måske en anelse uro mere end hvad der plejer at være. Men det er stadig minimalt og det slås typisk hen med "hormoner" eller andet.

Der er grupperinger nu i klassen. Man kan have en ide om, at alle ikke trives optimalt. En eller flere elever signalerer, at de ikke har det godt.
Man bliver enige om, at have fokus på klassen, både i skolen men også i fritidsdelen (SFO mm.)
Forældre tager kontakt til skolen og signalerer mistrivsel for deres barn.

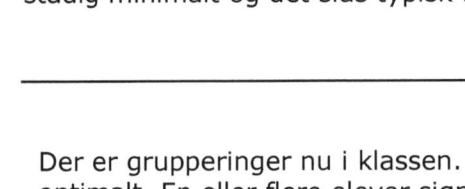

Man mener at have identificeret problemerne mellem de enkelte og beslutter, at aktivere skolens trivselsplan/antimobbestrategi i samarbejde med AKT lærere og pædagoger, herunder:
- Pigemøder
- Drengemøder
- Konfliktmægling
- Den varme stol
- Lege/Icebreakers mm
- Workshops
- Foredrag

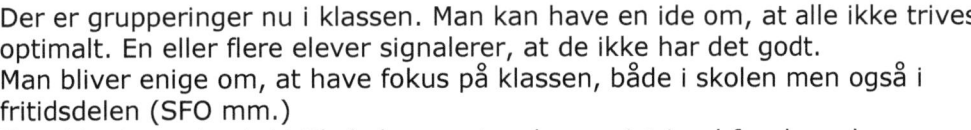

Man har tilbudt månedlig trivselssamtale med den enkelte. (erfaringen siger en 20 min samtale til offeret, som desværre bliver aflyst ofte pgra sygdom mm.)
Alt er godt og der er "ro" i klassen

Den/de enkelte virker ikke helt glade endnu, men man er fortrøstningsfuld og ved man har gjort hvad der er nødvendigt.

Mobbebarometer

7

Der er lidt fravær for enkelte elever, det slås hen med lidt sygdom.
Forældre kan ringe og sige at barnet ikke trives – man lover at have fokus på barnet

8

Forældrene ringer/skriver nu og fortæller deres barn er isoleret og ingen vil invitere dette til sociale aktiviteter.
Man prøver at få fat i hvad der sker blandt eleverne, men ingen vil sige noget.
Det er indlysende, at der er en der bliver mobbet. Der prøves med nye tiltag, sociale grupper, tvungne fællesskaber, krav om at alle skal inviteres til sociale arrangementer.

Klassen kan reagere modsat hvad de får besked på – men man ser det ikke.

I skoledelen virker det som, når offeret er i skole, at vedkommende deltager i diverse tiltag måske dog lidt stille.
Mobbeofret har en del fravær, men ikke noget man måske synes er så meget endda.

9

Offeret kommer nu sjældnere i skole. Melder sig ofte syg. Grundet travlhed og mange andre børn glemmer man, at få fulgt op på mobbeofferet.

Der er lidt uro i klassen, som kan være svær at identificere, hvorfor den er der.

Mobbeofferet har sammen med familien meldt, at der skiftes skole – og man tænker at det måske nok er den bedste ide.

10

Det tidligere offer er udmeldt af skolen.
Den tidligere elev indgår nu i klassens egenfortælling som "han eller hun passede alligevel ikke ind her hos os"

Som underviser har du en spøgelseselev som forlader klassen med tiden – måske.

Som underviser og skole har du/I en klasse som selv definerer deres kultur.

Den mobbede/ofret

Dette barometer viser dem som står udenfor, hvad der sker i en mobbesituation. Forstået på den måde, at nogle gange kan vi som udenforstående i en mobbesituation, have svært ved at forstå hele situationen.
Det er ikke altid, hverken offeret, de professionelle eller andre omkring situationen kan sætte ord på hvad der sker.
Med dette barometer som udgangspunkt, kan du tale med andre involverede om dette.

Mobbebarometer

"Det fucker med ens hjerne!"
Olivia, 16 år

Den mobbede/ofret

Dette er barometer viser udenforstående, hvad der kan ske i en mobbesituation. Typisk forstår vi ikke alvoren i det der sker, og ikke mindst vi forstår ikke hvad der konkret sker.

Gældende for dette barometer, hvor det handler om offeret er, at det skal forstås akkumuleret. Altså hvad der for eksempel står ved tal nr. 5. desværre også gælder ved tal nr. 6. og så fremdeles.

Fra min praksis viser erfaringen, at hvis et mobbeoffer "opholder" sig for længe på niveau 5 og opefter, vil dels selvværd og selvtillid lide skade, og der er mulighed for varig mental skade i form af både fysisk og psykisk sygdom. Ofte vil der være brug for langvarig mental hjælp fra professionelle der ved en masse om denne problematik.

1 Der er "pludselig" en negativ opmærksomhed omkring den der bliver mobbet

2 Man stiller sig uforstående overfor, at man pludselig er centrum for andres negative opmærksomhed.
Prøver at slå det hen, men kan tydeligt mærke en uvilje fra de andre.

3 Bliver ked af det i skolen.
Søger at klare problemerne selv, men støder kontinuerligt ind i en væg af afvisning.
Fortæller derhjemme, at det ikke "spiller" i skolen. Forældrene kan tendensere, at slå det hen og sige noget a la: "det går over"

4 Man prøver at klare problemerne, men søger hjælp hos de voksne i skolen, ofte med hjælp fra forældrene.
Der oprettes samtalegrupper a la pigegrupper/drengegrupper eller "de involverede" grupper.
Hvis dette ikke hjælper, kan det ske at mobningen øges.

Sådanne møder kan nogen gange få modsat effekt, og den mobbede oplever, at udøverne af mobning lige pludselig fremstår som ofre. Det sker, at udøverne græder til sådanne møder og den mobbede bliver på ingen måde mødt – men meget forvirret

Ofret bliver nu også meget tydelig, den man mobber uden for skolen og alle situationer hvor det ikke fungerer, er pr. definition ofret skyld.
Digital eksklusion forekommer.
Isolation forekommer.
Ekskludering forekommer.

Mobbebarometer

"Det fucker med ens hjerne!"
Olivia, 16 år

Selvtilliden bliver nu tydeligt påvirket. Man får mindre og mindre tro på sig selv og faldet i selvtilliden gør, at man er mindre med i skolen. På trods af at man kan være en af de skarpeste i skolen.
Det bliver nu tilladt for klassen, at grine af mobbeofferet i skolen, uden at nogen skrider ind. Dette uden at lærerne noterer dette
Man bliver nu, ikke inviteret til fælles oplevelser med mindre dette er en tvungen "oplevelse" sat i system af skolen.
Ingen i klassen er nu villig til at "gå sammen" med ofret.
Ofret enten går bagved gruppen, eller slet ikke sammen med gruppen når denne bevæger sig rundt.
Isolering sker.
Ofret kan stadig have en positiv selvforståelse men tvivlen begynder at starte.
Digital mobning starter.

Selvværdet og selvtilliden falder nu drastisk.
Man får ikke lov, at komme til orde i klassen.
Der bliver grinet/vendt øjne når/hvis man siger noget.
Ingen vil arbejde i gruppe med ofret – selv under tvang bliver dette samarbejde obstrueret.
Man kæmper lidt for at være med.

Isolation i skolen
Man holder sig for sig selv. Sidder for sig selv.
Søger ofte yngre venner.
Man kan have uro i kroppen og svært ved at koble personlige smerter til isolationen.
Hukommelsesproblemer starter.
Det er ikke rart at gå i skole mere.
Digital mobning forstærkes.

Man har det nu kontinuerligt dårligt med, at gå i skole, eller bare tanken om at gå i skole.
Sygdom, selv svær sygdom ses som kærkomment for "så skal man ikke i skole"
Det er svært at komme i skole – hver dag er en kamp.
Fysisk vold kan forekomme i form af armvridere, slag, voldsomme skub og andet.
Læringsevnen er svag eller næsten ikke eksisterende da hjernen/kroppen er i en kontinuerlig stresstilstand der gør at man ikke kan lære.
På dette stadie påvirkes den mentale og fysiske tilstand.

Smerter forekommer i form af:
· Mavesmerter
· Ondt i hovedet
  Andre problemer
· Søvnproblemer
  Ensomhed
· Isolation

Cutting kan forekomme.
Yderligere selvskadende adfærd kan forekomme.
Paranoia opstår og man har svært ved at have ro i hovedet.
Digitalt prøver man at følge med i hvad der sker, men hver gang man "logger på" gør det ondt at se det man ikke er med til, herunder fester, sociale tiltag mm.

Mobbebarometer

"Det fucker med ens hjerne!"
Olivia, 16 år

9

Hvis man ikke har skiftet skole/klasse endnu er følgende muligt.

Man bliver udsat for næsten fysisk afstraffelse. Vold af forskellige grader mod ofret er "lovligt" i klassen
Der kan ligge forskellige "ting" på ens plads/taske når man kommer ind fra frikvarter eller andet. Herunder:
· Væltet madkasse
· Tømt skoletaske
· Gammel frugt
· mm

Ofrets tanker forvrænges. Man begynder at tro på, at det er virkeligheden, at man ikke er noget værd.
Spejlet bliver pillet ned derhjemme.
Man undgår mulighed for spejlbilleder.
Gemmer sig for omverdenen – dukker sig når man går forbi vinduer derhjemme.
En indre dialog/tanker er opstået og fortæller kontinuerligt at "man ikke er noget værd", at man altid laver fejl og gør det svært for sig selv og "hvorfor kan jeg dog ikke gøre det godt nok"
Ens forhold til kost kan ændres den ene eller anden vej
· Man kan begynde at overspise/trøstespise og finde lise i sukker.
· Man kan begynde at tage kontrol over egen kost og spise mindre og mindre
Grundet forvrænget selvbilledet kan dette have katastrofale konsekvenser

Man pjækker i det omfang det er muligt
Digitalt er man udelukket – og kan (måske) kun se at de andre har det fint
Digitalt hærg kan forekomme ganske voldsomt

10

Hvis man ikke har skiftet skole/klasse endnu er følgende muligt.

Man er nu i stresstilstand hele tiden og læring er ikke muligt.

Man gør så meget som muligt for ikke at komme i skole herunder:
· Selvskade
· Spise sygdomsfremkaldende produkter, metal, plastic, husplanter mm.
· Kaster op om morgen ved at stikke en finger i halsen

Man er udsat for daglig vold af både fysisk og psykisk karakter.
At komme ind på skolen, endsige nærme sig denne medfører mentale smerter.
At tænke på skolen forværrer disse symptomer.
Vold forekommer dagligt i form af blandt andet: slag, lammere, usynlige skub, voldsomme skuldertacklinger.
Digital mobning og udelukkelse kører

Man begynder at overveje "Den sidste udvej"